A2 B1

IRE

Jean-Luc Penfornis

COMMUNICATION
PROGRESSIVE
DU FRANÇAIS
DES AFFAIRES

CORRIGÉS

Avec 250
exercices

CLE
INTERNATIONAL
www.cle-inter.com

1 Salutations

Activités page 7

1. 1. Faux (« J'espère que tu as passé un bon week-end » ⇒ Jennifer écrit donc ce premier mail au lendemain du week-end, un lundi probablement) – 2. Vrai (Le ton est amical, direct, ils se tutoient) – 3. Faux (le RV à venir est fixé au 8 février) – 4. NP (Jennifer pourrait très bien travailler à Genève et habiter ailleurs).

2. 1. Messieurs, – 2. Monsieur, – 3. Salut, Paul,

3. 1. Bien à vous – 2. Nous vous prions de recevoir, Madame, nos meilleures salutations. – 3. Cordialement.

4. *Proposition :*

à :	Pierre Noyer	▲
objet :	Demande de catalogue	

Monsieur,
Je vous prie de bien vouloir m'envoyer le catalogue de votre dernière collection à l'adresse suivante :
(votre adresse).
Je vous en remercie par avance.
Veuillez agréer, Monsieur, mes salutations les meilleures.
Fred BERNADIN

2 Vendredi soir

Activités page 9

1. 1. Faux (Vincent reste au bureau : il doit terminer le rapport Cerise) – 2. Faux (« Je dois l'envoyer à Paul ce soir ») – 3. NP – 4. Faux (« Quand je sors du boulot, j'oublie tout ») – 5. Vrai (« Paul ? Il bosse sans arrêt ») – 6. NP (Paul et Vincent peuvent être des collègues travaillant ensemble sur le projet Cerise).

2. • *Conversation 1 :* 1. Bon, salut, je m'en vais, j'ai un train dans une petite heure – 2. Tu vas où ? – 3. Chez mes beaux-parents, en Normandie. Tu restes à Paris, toi ? – 4. Oui, comme d'habitude. 5. À vrai dire, je préférerais rester ici aussi. Allez, salut ! À lundi !
   • *Conversation 2 :* 1. Au revoir, madame, bon week-end ! – 2. Merci, Fabien, à vous de même. Ah ! Pouvez-vous me rendre un petit service ? – 3. Oui, bien sûr. – 4. Pouvez-vous descendre le courrier ?

3 Samedi soir

Activités page 11

1. 2. J'ai entendu parler de vous. – 3. Merci, c'est gentil. – 4. On peut se tutoyer ? – 5. Tu veux un autre verre ?

2. 1. Vous êtes espagnol, n'est-ce pas ? – 2. Félicitations ! – 3. Oui, bien sûr, pas de problème. – 4. Avec plaisir.

3. 1. Enchanté(e). – 2. Moi de même. – 3. J'ai entendu parler d'elle. – 4. Non, pourquoi dites-vous ça ? – 5. Félicitations ! – 6. Pas de problème.

4 Dire au revoir

Activités page 13

1. 1. Faux (« J'ai été ravi de faire votre connaissance. ». Ce qui signifie que Pierre a rencontré Tim pour la première fois pendant ce séjour) – 2. Vrai (Pierre a toujours rêvé de connaître la Belgique.) – 3. Faux (Pierre dit seulement qu'il espère aller en Belgique) – 4. NP (Emma peut être une collaboratrice ou une amie de Tim) – 5. NP (Peut-être que Pierre et Emma ont seulement correspondu par téléphone ou par mail) – 6. Vrai (À moins que toutes ces civilités ne soient purement hypocrites).

2. 1. J'espère que vous *pourrez* revenir. – 2. J'espère que vous *reviendrez*. – 3. J'espère vous *revoir* l'année prochaine. – 4. J'espère *aller* bientôt au Mexique. – 5. J'espère que vous *êtes* content de votre séjour.

3. 1. J'ai été ravi de faire votre **connaissance**. – 2. **Merci** pour votre accueil. – 3. Il n'y a pas de **quoi**, ce fut un **plaisir** de vous revoir. – 4. J'espère que vous reviendrez nous **voir**. – 5. Vous serez la **bienvenue**. – 6. Au revoir, bon **voyage** ! 7. Passez le **bonjour** de ma **part** à toute l'équipe. – 8. J'ai **passé** un **séjour** très agréable, merci pour **tout**. – 9. **Encore** une fois merci et à **bientôt**, j'espère.

5 Présenter ses excuses
Activités page 15

1. 1. Vrai – 2. Vrai (Max et Nicolas ont mutuellement critiqué leur travail) – 3. Faux (« Elle a déjà oublié ce que tu lui as dit ») – 4. Vrai (« Je sais que tu ne te sens pas très bien en ce moment »).

2. *Propositions* :

de :	Carole JORDAN	▲
à :	Alexandra Obert	
objet :	RE : Anniversaire de Nicolas	

Ma chère Alexandra,
Je te fais mes excuses pour hier soir. Je ne me sentais pas bien et j'ai préféré rester chez moi. Je n'ai même pas eu la force de téléphoner. Excuse-moi auprès de Nicolas. Je lui envoie un cadeau aujourd'hui, pour me faire pardonner.
Amitiés
Carole

de :	Carole JORDAN	▲
à :	Paul Léger	
objet :	RE : Échantillons huiles	

Monsieur,
J'étais en voyage professionnel pendant dix jours et j'ai oublié de vous envoyer les échantillons que je vous avais promis. Je vous prie de bien vouloir accepter mes excuses pour cet oubli. J'espère que vous ne m'en tiendrez pas rigueur. Je vous envoie les échantillons aujourd'hui, sans faute.
Cordialement,
Carole Jordan

6 Remerciements
Activités page 17

1. 1. Faux (Carole Jourdan demande au destinataire de remercier madame Cornec : « Merci à madame Cornec pour sa compétence et sa gentillesse ») – 2. Vrai (« Le séminaire que nous avons organisé *hier*… ») – 3. NP (Carole a peut-être seulement organisé le séminaire, sans y assister) – 4. Vrai (« …les trois jours que *je viens de* passer à Varsovie ») – 5. NP – 6. Vrai (« Je serai heureuse de vous recevoir à Paris »).

2. *Proposition* : 1. Je tiens à te remercier de nous avoir **accueillis si chaleureusement.** – 2. Merci beaucoup pour **votre précieuse collaboration.** – 3. Tu diras merci à **Catherine pour son aide.** – 4. N'hésite pas à **nous contacter quand tu viendras à Nouméa.**

3. 1. Cher Alex, – 2. Merci pour ton chaleureux accueil à Dakar. – 3. J'ai passé trois jours très agréables et je pense que nos réunions ont été bien utiles. – 4. J'ai aussi beaucoup apprécié les repas et la soirée au Café des Arts. – 5. Si tu viens à Bamako, n'hésite pas à me contacter. – 6. Merci encore. – 7. Cordialement. – 8. Jessica

4. *Proposition* :

	▲
Chère Julie, Grâce à toi, mon séminaire à Montréal s'est passé dans les meilleures conditions et je tiens à te remercier de m'avoir reçu si chaleureusement. Je suis très heureuse des soirées que nous avons pu passer ensemble. Merci à Paul de m'avoir fait découvrir le musée des beaux arts. C'était passionnant. Je serai heureuse de te recevoir bientôt à Nouméa. Je t'embrasse Loana	

7 Meilleurs vœux

Activités page 19

1. *1er mail* : 20/12/2015 - Cordialement – *2e mail* : 03/02/2015 - Bonjour à tous - À bientôt – *3e mail* : 08/01/2016 - Mon cher Jules.
2. *Proposition* :
   • *à un client :*

> Cher Monsieur,
> Merci de vos bons vœux. À mon tour, je vous souhaite mes meilleurs vœux pour l'année à venir. J'espère que notre collaboration sera longue et fructueuse.
> Cordialement,
> Amélie BERNADIN

   • *à un ami :*

> Mon cher Baptiste,
> J'espère que tu as fait un bon voyage. Dommage que tu n'aies pas pu rester plus longtemps ici, tu me manques déjà beaucoup. Je te souhaite, à toi et à ta famille, une très belle année avec tout le bonheur du monde. Donne-moi de tes nouvelles.
> Je t'embrasse.
> Amélie

8 Entrée en communication

Activités page 21

1. 1. Est-ce que je peux **parler** à Laure Jourdan, s'il vous plaît ? – 2. Excusez-moi, pouvez-vous **épeler** votre nom ? Oui, alors, Ajar, ça s'écrit A, J comme **Jacques**, A, R. – 3. Je vous appelle **parce que** j'ai un problème avec ma ligne téléphonique. – 4. Voulez-vous que je vous passe le **service** technique ? – 5. Je vous **écoute**, monsieur Ajar. Quel est le problème ?
2. *Proposition* : 1. Société Pic, bonjour. – 2. C'est de la part de qui ? – 3. C'est à quel sujet ? – 4. Un instant, ne quittez pas, je vous passe le service après-vente.
3. *Proposition* : 1. Pouvez-vous me passer le service après-vente ? – 2. Je suis Paul Bey, B comme Bernard, E, Y. – 3. J'aurais besoin d'une information concernant l'utilisation de vos détecteurs de fumée.

9 Correspondant indisponible

Activités page 23

1. 1. Faux (Il n'est même pas 11 heures) – 2. Faux (Voir dessin notamment) – 3. Faux (Voir dessin notamment) – 4. Vrai (Message de madame Babin : « Pouvez-vous lui demander de me rappeler ? »)
2. *Proposition* : 2. Son **poste est occupé**. Voulez-vous patienter ? – 3. Il **est en déplacement** en province pour la journée. – 4. Elle **est en réunion**. Je pense que la réunion se terminera vers 16 heures. – 5. Elle **n'est pas dans son bureau**, mais elle n'est pas loin. – 6. Il est midi passé, je suppose qu'elle **est partie déjeuner**.
3. *Proposition* : 2. Est-ce que je peux laisser un message ? – 3. Pouvez-vous lui demander de me rappeler ? – 4. Voulez-vous laisser un message ?

10 Mauvais numéro

Activités page 25

1. 1. Marine n'entend pas parce que la ligne est mauvaise. – 2. Elle veut parler à Paul Diaz. – 3. Elle a appelé Paul Gallo parce qu'elle s'est trompée de numéro. – 4. Numéro de téléphone de Paul Diaz : 06 45 98 34 34.
2. 1. C'est lui-même. / C'est moi. – 2. Tout à fait. / Je crois que vous faites erreur. – 3. Si, c'est bien moi. / Non, je regrette. – 4. On a été coupé. / Désolé, j'ai raccroché par erreur. – 5. Oui, bien sûr, excusez-moi. / Comme ça, vous m'entendez ? – 6. Je ne connais personne de ce nom. / C'est lui-même.

11 Répondeur téléphonique
Activités page 27

1. 1. Faux (« Cet appel vous sera facturé au prix d'une communication locale ») – 2. Faux (« Je suis en vacances jusqu'au 31 août *compris* ») – 3. Faux (« Pendant mon absence, pour toute question urgente, vous pouvez joindre Tiffany Dorian ») – 4. Faux (Par exemple, on ne peut laisser de message ni sur le répondeur d'Azur Telecom ni sur celui de Dorex).

2. • *Message 1* : 1. Bonjour, vous êtes sur la boîte vocale de Nelly Casanova. – 2. Je suis actuellement en réunion. – 3. Vous pourrez toutefois me joindre après 15 h. – 4. Vous pouvez aussi me laisser un message après le bip sonore. – 5. Je vous rappellerai sans faute. – 6. Bonne journée.
   • *Message 2* : 1. Bonjour. – 2. Vous êtes bien en communication avec le service technique de Magicplus. – 3. Nous ne pouvons pas vous répondre pour le moment. – 4. Merci de nous laisser un message. – 5. Nous vous rappellerons dès que possible. – 6. Merci.

3. 1. **Bienvenue** chez KM2. Toutes nos lignes sont **occupées**. Nous allons **prendre** votre **appel** le plus rapidement possible. Veuillez **rester** en ligne. Nous nous efforçons d'écourter votre attente. – 2. Ici Florian Carlier. Je serai absent jusqu'au mardi 25 avril **compris**. Je vous invite à me **laisser** un message, car je prends mes messages à distance. Vous pouvez aussi **joindre** mon assistante, au 02 34 21 45 88. Merci.

4. *Proposition* :
   Bonjour. Vous êtes sur la boîte vocale de Jeanne Martin. Je serai absente toute la journée. Pour toute question urgente, vous pouvez joindre mon assistant, Paul Dupont, au 08 99 77 66 23. Vous pouvez aussi me laisser un message après le signal sonore et je vous rappellerai dès demain. Bonne journée.

12 Correspondant injoignable
Activités page 29

1. 2. *Vous vous êtes trompé de service* : Vous n'êtes pas au bon service. – 3. *À qui est-ce que je dois parler ?* : Je dois m'adresser à qui, alors ? – 4. *Je viens de leur parler.* : Je viens de les avoir. – 5. *C'est une plaisanterie, j'espère.* : Vous vous moquez de moi, ou quoi ? – 6. *Ça ne sert à rien de vous énerver.* : Ce n'est pas la peine de vous énerver. – 7. *Comment vous appelez-vous ?* : À qui est-ce que je parle ?

2. *Proposition* : 1. Sa machine à laver fait un bruit infernal. – 2. Il a attendu le technicien plus d'une demi-heure. – 3. Il n'a pas réussi à joindre le technicien.

13 Prendre rendez-vous
Activités page 31

1. 2. *À 10 heures, c'est possible ?* ⇒ À 10 heures, ce serait possible ? – 3. *Vous préférez à quelle heure ?* ⇒ Vous préféreriez à quelle heure ?

2. 1. Ça dépend, à quel moment ? / Je suis pris toute la journée. – 2. Oui, mais pas après 15 heures. / Désolé, je ne peux pas. – 3. C'est une excellente idée. / D'accord, au Grand Chef ? – 4. J'aimerais autant un autre restaurant. / Ça me va très bien. – 5. C'est parfait. / Ça m'arrangerait un peu plus tard. – 6. Entendu, à demain alors. / D'accord, à jeudi.

3. A. Vous seriez disponible demain ?
   B. **Ça dépend, à quel moment ?**
   A. L'après-midi, c'est possible ?
   B. **Désolé, je ne peux pas.**
   A. On pourrait déjeuner ensemble.
   B. **C'est une excellente idée.**
   A. Que diriez-vous du Grand Chef ?
   B. **Ça me va très bien.**
   A. À midi, ça irait ?
   B. **C'est parfait.**
   A. Nous disons donc midi au Grand Chef.
   B. **Entendu, à demain alors.**

14 Obtenir un rendez-vous
Activités page 33

1. 2. Pierre Rollin n'est pas là ? – 3. Je dois le joindre aujourd'hui. – 4. Je souhaite vous présenter une clé à molette qui vous intéressera personnellement. – 5. C'est la raison pour laquelle je souhaite vous rencontrer. – 6. Préférez-vous jeudi ou vendredi ?

2. 1. Je rappellerai dans 20 minutes. *Ou* : À quelle heure me conseillez-vous de rappeler ? – 2. Merci de me passer son assistante. – 3. Préférez-vous à 10 heures ou à 15 heures ?

15 Autour du pot
Activités page 35

1. 1. Faux (Guillaume a envoyé le rapport une seule fois. Il avait oublié de l'envoyer dans son premier courriel) – 2. Faux (Karim croit que… Ce qui signifie qu'il n'est pas sûr) – 3. Vrai (Guillaume : « Au fait, tu vas au pot ce soir ? » Réponse de Karim : « Du pot de Perrin ou de celui chez Boucheron ? ») – 4. NP – 5. NP – 6. NP.

2. 1. Guillaume voudrait avoir l'avis de Karim sur le **rapport** Cerise. – 2. Dans son premier email, Guillaume a oublié de **joindre** le fichier. – 3. Dans son deuxième mail, Guillaume a **bien envoyé** le rapport et Karim l'a **bien reçu**. – 4. Karim va chez Boucheron, espérons que Perrin ne sera pas trop **déçu**. – 5. Même s'il avait été **invité**, Guillaume ne serait pas allé chez Boucheron. – 6. Guillaume aimerait bien **savoir** ce que fait Carla ce soir.

3. *Proposition* :

à :	Pierre	▲

Tu t'es trompé de fichier. Tu m'as envoyé le mode d'emploi du F14 au lieu du rapport.
De quelle conférence parles-tu ? De la conférence de mardi sur le F14 ou de celle de jeudi sur le F15 ?
Je t'envoie ci-joint le programme des deux.
Vas-tu au pot de départ de Mathieu ce soir ? Sais-tu si Guillaume y va ?
Carla

16 Contretemps
Activités page 37

1. 1. Faux (Charlie a un RV à 17 h 30 à l'autre bout de la ville. La réunion devait donc se terminer bien avant 17 h 30) – 2. Faux – 3. Vrai (« Florence est toujours la bienvenue ») – 4. Vrai (Léo part mercredi prochain. Jeudi est le 13 mars, mercredi est donc bien le 12) – 5. Faux (Léo reste une semaine au Maroc) – 6. Faux (Le RV est reporté. Léo contactera Charlie pour qu'ils fixent un autre RV) – 7. Vrai (Le ton est familier, le style est direct, ils se tutoient).

2. *Proposition* :

à :	Charlie Mangin	▲

Bonjour, Charlie,
Nous avons rendez-vous demain, à 9 heures à mon bureau. Malheureusement, j'ai un empêchement de dernière minute. Peut-on reporter le rendez-vous soit au mercredi 13 soit au jeudi 14 à la même heure ? Excusez-moi pour ce contretemps.
Cordialement,
Fred BERNADIN

3. *Proposition* :

> Je suis pris dans les embouteillages. Je vais arriver avec un bon quart d'heure de retard.
> Excusez-moi pour ce contretemps. À tout de suite. Fred Bernadin

17 Inviter de vive voix
Activités page 39

1. 1. Vrai (« Est-ce que tu voudrais venir avec Émilie ? ») – 2. Vrai (En informant Émilie que Louis-César les invite à une fête, il lui demande *implicitement* si elle veut y aller) – 3. NP (Jérémy : « Émilie a déjà prévu quelque chose ». Est-ce vrai ? On ne peut pas savoir).

2. Je ne peux pas.

3. • *Réponse 2* : 1. Je suis vraiment désolé. 2. Mais je ne suis pas disponible. 3. Je dois voir un client. • *Réponse 3* : 1. Je vous remercie. 2. Mais ça ne va pas être possible. 3. J'ai un avion à 18 heures. • *Réponse 4* : 1. On aimerait bien. 2. Mais on ne peut pas. 3. On doit partir tout de suite.

4. *Proposition* :
Bonjour, Jacky, c'est Sarah. J'espère que tu vas bien. Si tu es libre ce soir, je voudrais t'inviter à la Casserole. Il paraît qu'ils ont un nouveau Chef qui fait des lasagnes au saumon sensationnelles. Rappelle-moi dès que tu peux.

18 Courrier d'invitation
Activités page 41

1. *Proposition* : 1. À la fin de son invitation, Pierre Genet demande à ses collègues de **bien vouloir confirmer leur présence.** – 2. Audrey Zimmerman ne pourra pas **participer au séminaire.** – 3. Clément Lepage **accepte l'invitation : il sera présent au séminaire.**

2.

Bonjour, ▲
À l'occasion des fêtes de Noël, le comité d'entreprise **organise** un déjeuner le vendredi 17 décembre. Le rendez-vous est **fixé** à 12 h 15 au restaurant La Casserole, 5 rue Voltaire. Vous êtes tous **invités**. Seule condition : vous devez **confirmer** votre présence en **répondant** directement à cet email avant le mardi 14 décembre. À bientôt, j'espère. Jennifer Cordier

3. *Proposition* :

à :	Jennifer Cordier	▲
objet :	RE : déjeuner de Noël à La Casserole le 17 décembre à 12 h 15	
C'est avec plaisir que je participerai au déjeuner de Noël. Fred Dupont.		

4. 1. J'espère que tu vas bien. – 2. Cette année, la soirée des Anciens aura lieu le 27 juin, – 3. à partir de 19 heures, dans les locaux de l'École. – 4. Nous comptons sur ta présence. – 5. Cordialement.

5. *Proposition* :
Chère Marine,
Merci beaucoup pour l'invitation à la soirée des Anciens. Cette année, je ne pourrai malheureusement pas être des vôtres car je serai à l'étranger la dernière semaine de juin. J'espère pouvoir te voir en une autre occasion.
Bien à toi,
Clément

19 Orienter un visiteur
Activités page 43

1. PLAN DU 4ᵉ ÉTAGE :

✕						Clara Hardy
		Léo Blanc	Ascenseur			Escalier

2. *Proposition* : 1. Pouvez-vous me rappeler votre nom ? – 2. Voulez-vous vous asseoir un instant ? Madame Canu arrive tout de suite. – 3. Alors, vous montez au quatrième étage et en sortant de l'ascenseur, vous allez à gauche, le bureau de monsieur Blanc se trouve tout de suite après l'ascenseur, sur votre gauche. L'ascenseur est là-bas, derrière vous.

3. *Pour indiquer le bureau de madame Hardy au visiteur (proposition)* : Vous montez au quatrième étage. L'ascenseur est là-bas, derrière vous. En sortant de l'ascenseur, vous allez à droite, le bureau de madame Hardy se trouve au bout du couloir, à gauche, en face de l'escalier.

20 Conseiller un voyageur
Activités page 45
1. *Proposition* : Il lui conseille : 1. de faire attention à monsieur Kim, qui est un fin négociateur. – 2. de ne pas oublier ses cartes de visite et d'en prendre un bon paquet – 3. de nouer une bonne relation avec monsieur Kim ET avec madame Lee.
2. 2. Montréal – 3. Londres – 4. New York – 5. Tokyo – 6. Moscou – 7. Singapour – 8. Dubai.

21 Prendre un taxi
Activités page 47
1. 1. NP – 2. Vrai (Le taxi doit faire un détour) – 3. Faux (« Voilà 15 et 5, qui font 20 ») – 4. Vrai (Pourboire : 20 € – 18 € = 2 €) – 5. NP
2. *Proposition* : 1. C'est combien ? / Qu'est-ce que je vous dois ? – 2. Allez savoir ! / Aucune idée. – 3. Oh là là ! / C'est pas vrai ! – 4. Vous pouvez me faire un reçu ? / Je peux avoir un reçu ?
3. *Proposition* : 1. Je viens du Maroc. – 2. C'est presque aussi grand que la France. – 3. Il y a environ 35 millions d'habitants. – 4. En ce moment, il pleut beaucoup.

22 Louer une voiture
Activités page 49
1. 1. Vrai (« … je voudrais louer une voiture *pour la journée* ») – 2. Vrai (« Ça a l'air mieux ») – 3. Vrai (« Je peux vous proposer la Routière, c'est la voiture d'à côté ») – 4. Vrai (« Toutes nos voitures sont climatisées »).
2. *Proposition* : 1. L'assurance comprise dans le prix est une assurance de responsabilité civile, qui vous garantit contre les dommages que vous causez aux tiers (c'est-à-dire aux autres personnes). Contre le vol, je peux vous proposer une assurance complémentaire. – 2. Attention, si vous rendez la voiture avec retard, vous devrez payer une journée supplémentaire.
3. *Proposition* : J'ai 18 ans. Est-ce que je peux louer une voiture ? – J'ai passé mon permis de conduire le mois dernier, est-ce que je peux louer une voiture. – Quels sont les documents que je dois présenter ? – Est-ce que je peux présenter la carte de crédit d'un ami ? – Faut-il être français pour louer chez Locacar ?

23 Prendre l'avion
Activités page 51

1. Formulaire de réservation

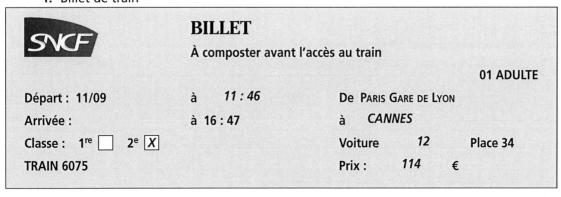

AirAzur

Réservez en ligne

VOLS	ABONNÉS	VOL + HÔTEL	HÔTEL	VOITURE

De Paris CDG	**À** *Matrid*	[X] Aller-retour		[ ] Aller simple
Date aller *23 mai*	[ ] Journée [X] Matin	[ ] Après-midi		[ ] Soir
Date retour *23 mai*	[ ] Journée [ ] Matin	[ ] Après-midi		[X] Soir

[X] Aux dates indiquées [ ] Aux environs de ces dates

Voyageurs [1] Adulte [0] Enfant (2-11 ans) [0] Bébé (moins de 2 ans)

Classe [ ] Première [X] Affaires [ ] Économique **rechercher**

2. 1. Faux (Dans le premier email, madame Bourget parle d'une première journée, ce qui implique qu'il y a au moins une deuxième journée) – 2. Vrai (Deuxième mail de Caroline : « Madame Bourget voyage en classe affaires ». Caroline sait donc que madame Bourget voyage en classe affaires, alors que cette dernière ne lui a rien précisé dans le premier mail.) – 3. NP – 4. Faux (Charlie part le 22, madame Bourget part le 23) – 5. NP.

3. *Proposition* :

objet :	RE : foire de Francfort	▲

Bonjour, Caroline,
Merci de ton aide. Je souhaiterais partir le 18 octobre vers 19 heures et revenir le 24 tôt le matin, sur un vol avant 9 heures, si possible. Je voyage en classe économique.
Une question qui n'a rien à voir : Sais-tu où se trouvent les clés de la salle de réunion ?
A +
Charlie

24 Prendre le train
Activités page 53

1. Billet de train

SNCF

BILLET
À composter avant l'accès au train

01 ADULTE

Départ : 11/09 à *11 : 46* De PARIS GARE DE LYON
Arrivée : à 16 : 47 à *CANNES*
Classe : 1ʳᵉ [ ] 2ᵉ [X] Voiture *12* Place 34
TRAIN 6075 Prix : *114* €

2. *Proposition* :
A : Le train part de quelle voie ?
B : De la voie 8.
A : *Il y a encore de la place ? / Je peux avoir une place côté fenêtre ?*
B : Oui, pas de problème, le train est presque vide.
A : *Est-ce que c'est direct ?*
B : Non, il y a un arrêt à Dijon.
A : *Le train arrive à quelle heure ?*
B : À 13 h 28.
A : *Je peux payer par carte ?*
B : Oui, bien sûr. Tenez, vous pouvez insérer votre carte.
A : *Quel est le numéro de la voiture ?*
B : C'est écrit sur le billet.

25 Réclamations voyageurs
Activités page 55
1.

> *Madame*, *Monsieur*,
> J'ai acheté un *billet* auprès de votre compagnie pour le *vol* AZ654 de Liège à Alicante à la date
> du 12 avril. Vous *trouverez* ci-joint une *copie* de ce billet. Le 12 avril, je me suis présenté
> à l'enregistrement à 8 heures, soit deux heures avant le *départ*. Or, je n'ai pas pu *embarquer* au motif
> que *l'avion* était complet. J'ai dû *prendre* un vol tard dans la soirée. Je vous *demande* donc
> de me verser les *indemnités* auxquelles j'ai droit en vertu du règlement européen du 11 février 2004.
> Dans cette attente, je vous prie d'agréer Madame, Monsieur, l'expression de mes sentiments
> les *meilleurs*.
> Fadila Gonzalez

2. Marine a droit à une indemnité de 250 euros. En effet, le règlement européen CE
261/2004 prévoit que la compagnie aérienne doit verser une indemnité au client victime
d'une surréservation. Cette indemnité est fixée à 250 € pour les vols de moins de
2 500 kilomètres, ce qui est le cas du vol AZ531 entre Toulouse et Paris.

3. *Proposition* :

> Madame, Monsieur,
> Le 12 juin dernier, je devais voyager de Toulouse à Paris sur le vol AZ 531. Vous trouverez
> ci-joint une copie du billet. Quand je me suis présentée à l'enregistrement à l'aéroport de Toulouse,
> on m'a dit que l'avion était complet. J'ai dû partir un peu plus tard sur un vol Air France.
> Le règlement européen CE 261/2004 prévoit que le transporteur aérien doit verser une indemnité au client
> victime d'une surréservation. Cette indemnité est fixée à 250 € pour les vols de moins de 2 500 kilomètres,
> ce qui est le cas du vol entre Toulouse et Paris. Je vous demande donc de me verser cette somme.
> Dans cette attente, je vous prie d'agréer, Madame, Monsieur, l'expression de mes sentiments les meilleurs.
> Marine Castro

26 Accueillir un voyageur
Activités page 57
1. 1. Faux (Le vol AC876 est en provenance de New York : il arrive à Montréal) – 2. Vrai
(« Nous nous sommes rencontrés en juin dernier ». Se rencontrer = se trouver pour la
première fois avec quelqu'un, faire connaissance) – 3. Vrai (« ...chez Fabien Van de
Mole ». Chez = au domicile de.) – 4. NP – 5. Vrai (« Et si nous dînions ensemble le soir ? »
– « Avec plaisir ») – 6. NP (Emma est peut-être journaliste, interprète, etc.).
2. 2. ça me ferait plaisir de te revoir : *je serais heureuse de te revoir* – 3. de t'accueillir à
l'aéroport : *d'aller te chercher à l'aéroport* – 4. je ne t'ai évidemment pas oubliée : *bien
sûr que je me souviens de toi* - 5. ça te dirait si on dînait tous les deux : *et si nous dînions
ensemble* – 6. volontiers : *avec plaisir*.

3. *Proposition* :

à :	Arthur	▲

Bonjour, Arthur,
Hier soir, Fabien m'a téléphoné pour me dire que tu serais à Paris la semaine prochaine. Quel jour arrives-tu ? À quelle heure ? Quel est le numéro de ton vol ? Je serais heureuse d'aller te chercher à l'aéroport. Combien de temps comptes-tu rester ? Si tu as le temps, nous pourrions passer une soirée ensemble, autour d'un bon dîner à la Casserole. À bientôt.
Paul

4. *Proposition* :

de :	Arthur	▲

Mon cher Paul,
Merci de ta proposition d'aller me chercher à l'aéroport. J'accepte avec plaisir. J'arrive à CDG le 1er juin à 17 heures par le vol CX 361 en provenance d'Amsterdam. Ça me fait toujours très plaisir de dîner avec toi à la Casserole. Au fait, si on invitait ta collègue Catherine à dîner avec nous ?
Arthur

27 Vous avez fait bon voyage ?
Activités page 59

1. 1. Vrai (« Je suis Omar Stoll ») – 2. Vrai (« Excellent, merci ») – 3. Faux (« Désolé pour le retard ») – 4. Faux (« Je suis venu une fois ») – 5. Faux (M. Bonnefond joue au tennis quand il a un peu de temps).

2. *Proposition* : Vous venez de quelle région ? – Combien de temps comptez-vous rester ici ? – Voulez-vous faire un tour de la ville ? – Vous aimez la cuisine italienne ? – Il fait quel temps chez vous ?

3. 2. Combien de temps comptez-vous rester ici ? – 3. Voulez-vous faire un tour de la ville ? – 4. Vous aimez la cuisine italienne ?

4. *Proposition* : Le vol a duré combien de temps ? Vous avez pu dormir dans l'avion ? Vous aimez le théâtre ? Vous jouez au golf ? Vous avez regardé le match hier soir ? Où avez-vous étudié le français ? Voulez-vous changer de l'argent ? Vous connaissez quelques mots de japonais ? Vous connaissez quelqu'un ici ? Vous jouez d'un instrument de musique ? Que voulez-vous visiter ? Quel est le décalage horaire entre Paris et Caracas ? Etc.

28 Itinéraires
Activités page 61

1. La biscuiterie Bosc : *M* – Le terrain de football : *K*.

2. En sortant de la Poste, vous *allez* à gauche. Vous *continuez* tout *droit* jusqu'à un feu. Quand vous *arrivez* au feu, vous *prenez* à droite. La banque se *trouve* un peu plus loin, sur votre *gauche*. Vous devez *traverser* la rue. Vous *verrez*, la banque est juste en *face* du supermarché.
La banque : *C* – Le supermarché : *D*.

3. *Proposition* :
• *Le supermarché (D)* : C'est facile, en sortant de l'hôtel, vous tournez à gauche. Vous allez jusqu'au feu. Au feu, vous prenez à gauche. Vous continuez tout droit. Vous traversez le pont. Juste après le pont, vous verrez, sur votre gauche, il y a la poste. Vous continuez tout droit. Vous arrivez à un feu. Vous tournez à droite. Vous verrez, il y a un supermarché un peu plus loin, sur votre droite, juste en face de la banque.
• *Le restaurant La Casserole (B)* : C'est facile, en sortant de l'hôtel, vous tournez à gauche. Vous allez jusqu'au feu. Au feu, vous prenez à gauche. Vous continuez tout droit. Vous traversez le pont. Vous continuez tout droit jusqu'à un feu. Au feu, vous continuez tout droit. Vous verrez, le restaurant se trouve un peu plus loin, sur votre gauche.
• *Le musée Le Nain (J)* : C'est facile, en sortant de l'hôtel, vous traversez la rue. Le musée se trouve juste en face de l'hôtel.

29 Réserver une chambre
Activités page 63

1. A : Bien, je récapitule votre réservation, madame Martel : une ***chambre*** avec bain pour la ***nuit*** du 3 mars ***au 4 mars***. Le prix est de ***137*** euros. Le ***petit*** déjeuner est ***compris*** dans le prix. Ça vous convient ? – **B** : Oui, c'est ***parfait***. – **A** : Bien, ***merci*** pour votre ***réservation*** et à bientôt.

2. *Proposition* : Le jour de son arrivée : ***Quel jour arrivez-vous ?*** – Son numéro de téléphone : ***Avez-vous un numéro de téléphone ?*** – Le numéro de sa carte bancaire : ***Pouvez-vous me communiquer le numéro de votre carte bancaire ?***

30 Arrivée à l'hôtel
Activités page 65

1. 1. Faux (M. Lang arrive un mardi soir) – 2. Vrai (Il arrive après la fermeture du restaurant) – 3. Faux (Dini Lang se présente) – 4. Faux (Sans qu'on ne lui ait rien demandé, le réceptionniste précise que « c'est une belle chambre qui donne sur le jardin ») – 5. Vrai (Un séminaire est une réunion de travail) – 6. NP – 7. NP – 8. Faux (En principe, un réceptionniste n'abandonne pas son poste pour accompagner les clients dans leur chambre. De plus, quand le réceptionniste dit qu'« on va vous accompagner », ce « on » signifie quelqu'un d'autre que lui) – 9. NP (« On va voir », dit M. Lang).

2. *Proposition* : 1. *Vous pouvez me prêter un stylo ?* - Oui, bien sûr, voilà, tenez. – 2. *Est-ce que je peux avoir une chambre calme, s'il vous plaît ?* - Votre chambre donne sur le lac. – 3. *Est-ce qu'on peut me réveiller très tôt demain matin ?* - Oui, bien sûr, à quelle heure souhaitez-vous être réveillé ? – 4. *C'est encore possible de prendre un sandwich au bar ?* - Je regrette, le bar ferme à 23 heures. Mais il y a un distributeur automatique en face du bar, avec différentes sortes de sandwichs. – 5. *Est-ce que je peux laisser ma voiture dans la rue ?* - Je vous conseille de la garer dans le parking de l'hôtel. C'est gratuit pour nos clients.

31 Réclamer à la réception
Activités page 67

1. *je ne pense pas* : on ne dirait pas – *je me mets à votre place* : je comprends – *je regrette, madame* : je suis désolé, madame – *c'est énervant* : c'est pénible.

2. 1. Il nous manque des couvertures. – 2. Vous en avez besoin de combien ? – 3. Il nous en faudrait deux, s'il vous plaît. – 4. On vous les apporte tout de suite.

3. *Proposition* :
• *En hiver*
A : Réception, bonjour.
B : Bonjour, je suis Marina Martel, de la chambre 305.
A : Pardon ?
B : Marina Martel, de la chambre 305. Je crois que le chauffage de ma chambre ne fonctionne pas.
A : Est-ce que vous avez ouvert le radiateur ?
B : Oui, bien sûr, il est même ouvert au maximum, mais il reste froid.
A : J'envoie quelqu'un régler le problème.
B : Merci bien. Faites vite, je suis gelée. Par la même occasion, est-ce qu'on peut m'apporter une boisson chaude ?
A : Quelle sorte de boisson ?
B : Peu importe, quelque chose de bien chaud.
A : Un thé ?
B : Oui, oui, c'est très bien, bien chaud surtout.
A : On vous apporte ça tout de suite. Excusez-nous.
B : Ce n'est rien, mais dépêchez-vous.

• *En été*
A : Réception, bonjour.
B : Bonjour, je suis Nicolas Tardivel, de la société Pirex. Nous sommes dans une salle de réunion et il nous manque des chaises.
A : Vous êtes dans la salle 3, je crois.
B : Oui, c'est bien ça, salle 3.
A : Il vous manque combien de chaises ?
B : Il nous en faudrait deux.
A : On vous les apporte tout de suite.
B : Très bien, merci. Autre chose : je voudrais savoir comment fonctionne la climatisation.
A : Je regrette, mais il n'y a pas de climatisation dans cette salle.
B : Pas de climatisation ! C'est très embêtant, il fait très chaud ici
A : Vous êtes combien ?
B : Nous sommes six.
A : Si vous voulez, vous pouvez vous installer dans la salle 2. C'est une salle climatisée.
B : La salle 2, vous dites ?
A : Salle 2, oui. Elle est tout à côté de la salle 3.
B : Et on peut y aller tout de suite ?
A : Absolument, j'envoie quelqu'un l'ouvrir immédiatement.
B : C'est parfait, merci.
A : Je vous en prie.

32 Une table de libre

Activités page 69

1. Le maître d'hôtel : 1. salue les clientes. – 2. demande aux clientes si elles ont réservé. – 3. fait préciser aux clientes le nombre de personnes. – 4. propose une table. – 5. propose aux clientes de s'installer au bar. – 6. prend le vestiaire.
2. *Proposition* :
   • *Entretien 1* : A : Pour déjeuner ou pour dîner ?
   • *Entretien 2* : A : Si vous voulez bien me suivre. Cette table vous convient-elle ?
   • *Entretien 3* : A : ...si vous voulez bien me suivre.
   • *Entretien 4* : A : ...est-ce que je peux prendre votre manteau ?
3. *Proposition* :
   A : Bonjour, madame.
   B : Bonjour, j'ai réservé une table.
   A : C'est à quel nom ?
   B : Au nom de Catherine Bernardin.
   A : Si vous voulez bien me suivre… Cette table vous convient-elle ?
   B : Mm… je pourrais manger sur la terrasse ?
   A : Si vous préférez, bien sûr. Si vous voulez bien me suivre. Est-ce que cette table vous convient ?
   B : C'est parfait, merci.
   A : Est-ce que je peux vous débarrasser ?
   B : Oui, volontiers, tenez, merci.

33 Menu du Chef

Activités page 71

1. Menu du Chef

Menu du Chef

28 €

Melon au jambon de Parme
ou *cocktail de crevettes*
******
Fondue campagnarde
ou *saumon aux oignons*
ou *steak au roquefort*

2. Fromage ou dessert ?

    A : Désirez-vous un fromage ou un dessert ?

    B : Un *dessert*. Qu'est-ce qu'il y a comme fruits dans la *salade* de fruits ?

    A : Des pommes, des poires, des kiwis…

    B : Des kiwis ? Non, je n'aime pas les kiwis. La tarte *maison*, qu'est-ce que c'est ?

    A : C'est une tarte aux kiwis.

    B : Encore des kiwis ? Alors, dans ce cas, je vais prendre la *mousse au chocolat*. Et après je prendrai un *café*, bien noir, s'il vous plaît.

34 Vérifier l'addition
Activités page 73

1. 1. Monsieur, s'il vous plaît, je peux avoir l'addition ? – 2. Les 8,70 € correspondent aux apéritifs au fromage. Problème : le client n'a pas commandé d'apéritifs au fromage. – 3. La deuxième erreur est une erreur de calcul de TVA : une TVA de 5,5 % sur 28 euros, ça ne fait pas 14 euros. – 4. Dans les deux cas, le maître d'hôtel va corriger l'addition.

2. 4. Vrai (Il y a deux couverts, donc deux personnes) – 5. NP – 6 (L'addition a été émise à 13 : 23 : c'est l'heure du déjeuner) – 7. NP (Il a été commandé une bouteille de vin. On ne sait pas combien ont bu). – 8. Vrai (Montant dû : 109,72).

3. Le sous-total n'est pas correct : 66 + 23 + 5, ça ne fait pas 104, ça fait 94.

35 Forum d'entreprises
Activités page 75

1. 1. L'entreprise Grandsoleil réalise des voiliers de croisière. – 2. Elle est implantée à Laval, au Québec. – 3. Elle vend dans près de 50 pays. – 4. Elle a été créée en 1998. Elle emploie une trentaine d'artisans qualifiés, qui travaillent avec des architectes.

2. 1. Gasc fabrique des produits en osier : sacs à main, chaussures, accessoires de mode. – 2. L'entreprise a son siège social à Dijon, en France et deux ateliers de production au Laos. – 3. Elle vend en Europe, surtout en France et en Allemagne.

3. *Proposition* : Depuis bientôt 20 ans, Gasc fabrique des produits en osier de haute qualité : sacs à main, chaussures, accessoires de mode. Ses produits sont dessinés par les meilleurs stylistes européens et fabriqués au Laos, où sont effectués de stricts contrôles de production. Ils sont vendus dans toute l'Europe, principalement en France et en Allemagne. (53 mots)

36 Biographie des intervenants
Activités page 77

1. 1. Fonction occupée actuellement – 2. Diplômes obtenus – 3. Principales étapes de la carrière professionnelle – 4. Informations diverses : prix obtenus, publications, etc.

2. 1. Vrai (Valérie DUPIN, Assistante de direction, GROUPE OKO) – 2. Vrai (La conférence de monsieur Lambert est programmée de 10 h 30 à 11 h 30) – 3. Vrai (Monsieur Lambert est titulaire d'un MBA de l'université de Manitoba) – 4. Vrai (« Il entre chez OKO en 1996 ») – 5. NP – 6. Vrai (Monsieur Lambert est devenu directeur général en 2012, une fonction qu'il occupe encore aujourd'hui).

3. Il commence sa carrière professionnelle comme chef de projet dans une société de conseil informatique. – À seulement 27 ans, il est l'auteur de nombreuses publications dans le domaine de l'énergie nucléaire.

37 Ordre du jour
Activités page 79

1. 1. Faux (Caroline Artaud commence par *rappeler* la date de la réunion. L'objectif de cet email est de communiquer l'ordre du jour.) – 2. Faux (L'ordre du jour est intégré au message) – 3. Faux (« Merci de me faire part de vos commentaires ou suggestions ») – 4. Faux – 5. Faux (« 3. Présentation du projet Ossito (LL) » : Ludovic Lenoir (LL) présentera le projet Ossito) – 6. Faux (Caroline Artaud demande qu'on l'informe si on ne peut pas assister) – 7. Faux (Cet email date du 9 avril et Ludovic a envoyé son rapport la semaine dernière) – 8. Vrai (Cet email a cinq destinataires, dont Pierre May).

2. 1. Par manque de temps, nous *traiterons* le point 4 à la prochaine réunion.

2. Il est atteint de réunionite. Dès qu'il y a un problème, il veut *faire* une réunion.

3. La réunion se *tiendra* demain dans la salle 3.

4. Léo est *invité* à la réunion, mais il ne pourra pas y *assister*.

5. Commençons par faire un *tour* de *table*.

6. Ils disent qu'ils n'ont pas eu le temps d'*aborder* la question des salaires.

7. Ils en sont au dernier point de l'ordre du jour, la réunion va bientôt se *terminer*.

8. Le président nous a fait *part* des perspectives de la société.

3. *Proposition* :

à :	CA	▲
Cc :	SD ; MO ; MN ; LL ; PM	
objet :	RE : réunion du 17 mars à 16 heures / ordre du jour	

Merci pour l'ordre du jour. Je pense que cette réunion sera très utile.
Ce dernier mois, nous avons reçu plusieurs réclamations concernant la distribution du PK12 en Italie. Peut-on ajouter cette question à l'ordre du jour ?
Je n'ai pas reçu le projet Ossito. Pouvez-vous me l'envoyer ?
Combien de temps durera la réunion ? J'ai un rendez-vous à 18 h 30 et je devrai impérativement partir à 18 heures.
Fred BERNADIN

38 Salle de réunion
Activités page 81

1. *qui pourra contenir :* pouvant contenir – *comme il a fait très chaud :* étant donné la chaleur – *merci de m'informer dans les meilleurs délais :* informez-moi rapidement – *merci de vous assurer que :* pouvez-vous vérifier que.

2. *Proposition* : 1. Caroline Artaud demande à Mathieu de *réserver une salle* – 2. La salle doit pouvoir *contenir 15 personnes* et elle doit *être climatisée.* – 3. Caroline Artaud doit connaître la salle pour *pouvoir envoyer les convocations.* – 4. Caroline Artaud a peur *que le matériel vidéo et la sonorisation ne fonctionnent pas correctement.* – 5. Mathieu n'a pas besoin de s'occuper du buffet. C'est *Caroline qui s'en charge.*

3. *Proposition* :

objet :	Location de salle/Demande de devis	▲

Madame, Monsieur,
Nous souhaitons organiser un séminaire le 21 mai à Genève.
Nous aurons besoin pour cette occasion de louer une salle de réunion, type salle de conférence, de 14 heures à 17 heures, pouvant contenir environ 60 personnes.
Nous aurons besoin du matériel suivant :
– une sonorisation avec deux micros ;
– un rétroprojecteur.
Nous souhaitons clôturer l'après-midi par un cocktail.
Nous vous prions de bien vouloir nous adresser un devis :
– pour la location de la salle de réunion,
– pour le cocktail.
Nous vous en remercions par avance.
Veuillez agréer, Madame, Monsieur, nos meilleures salutations.
Fred BERNADIN

39 Ouvrir une réunion
Activités page 83

1. 1. Vrai (Premier point : les problèmes de sécurité dans l'usine. Deuxième point : le projet Cerise) – 2. Faux (La réunion a commencé avant 16 heures. En effet, elle devrait se terminer avant 17 heures. Or, il faut déjà un peu plus d'une heure pour traiter le seul premier point.) – 3. Faux (Charlie est absent) – 4. Vrai (C'est le rôle de la secrétaire de séance de prendre des notes et de rédiger ensuite le compte rendu).

2. 1. Il s'assure que tous les participants sont bien arrivés. – 2. Il remercie les participants pour leur présence. – 3. Il rappelle l'ordre du jour. – 4. Il définit le temps imparti à chaque sujet. – 5. Il désigne une secrétaire chargée de prendre des notes.

3. *Proposition* :
Marina doit prolonger son séjour à Varsovie et ne pourra donc pas assister à notre réunion. Je crois donc que tout le monde est là et que nous pouvons commencer. Merci d'abord à tous de votre présence. Le premier point inscrit à l'ordre du jour concerne les problèmes d'absentéisme. C'est une question importante. J'imagine que vous avez tous reçu mon rapport là-dessus. Le deuxième point porte sur le recrutement d'un comptable. Nous terminerons par un troisième et dernier point : la refonte de notre site. Les problèmes d'absentéisme devraient nous occuper une petite heure. Je vous présenterai mon rapport et nous devrons prendre plusieurs décisions. Nous devrions passer une vingtaine de minutes sur le deuxième point et à peu près autant de temps sur le troisième et dernier point. J'espère que nous aurons terminé avant 11 heures. Charlie, voulez-vous être notre secrétaire de séance ?

40 Points de vue
Activités page 85

1. *J'ai l'impression que ce monsieur Chevillard est compétent* : Ce monsieur Chevillard me semble compétent. – *Quel est votre avis ?* : Qu'est-ce que vous en pensez ? – *Je trouve qu'il est vraiment très bien* : Je le trouve vraiment très bien. – *Je ne partage pas votre point de vue* : Je ne suis pas de votre avis. – *Il me semble que la candidate est plus stable* : La candidate me paraît plus stable.

2. *Proposition :* 1. La discussion porte sur le recrutement d'un comptable. – 2. La personne C est d'accord avec A. Tiago Chevillard lui a fait aussi une bonne impression. Elle le trouve vraiment très bien. – 3. La personne B n'est pas d'accord avec A et C. Elle remarque que Tiago Chevillard change souvent d'employeur. À son avis, si on l'embauche, il lâchera l'entreprise très vite. La candidate lui paraît plus stable.

41 Polémiques
Activités page 87

1. 1. Faux (La personne A est opposée à la campagne publicitaire, pas au lancement du nouveau produit) – 2. NP (A pense que cette campagne publicitaire est inutile, B pense le contraire. Objectivement, on ne peut pas savoir si cette campagne est utile ou inutile) – 3. Faux (« Tic est une histoire ancienne ») – 4. NP (B dit que A était opposé au projet Tic, A dit que ce n'est pas vrai. Objectivement, on ne sait pas si A était opposé au projet Tic) – 5. Faux (C souhaiterait revenir au sujet de la réunion) – 6. NP (Objectivement, on ne peut pas savoir si Tic était un projet démagogique).

2. *Proposition* :
• *Entretien 2* :
A : **Vous vous rappelez Fred Dupont ?**
B : Oui, je me souviens très bien de lui.
A : Vous étiez son ami, n'est-ce pas ?
• *Entretien 3*
A : Il n'y a plus d'argent ?
B : **Qu'est-ce que vous dites ?**
A : Je dis qu'il n'y a plus d'argent.
• *Entretien 4*
A : **Je peux dire un mot ?**
B : Allez-y, Michèle, vous avez la parole.
A : Merci. Eh bien, à mon avis…

• *Entretien 5*
A : Finalement, nous devons…
B : Moi, ce que je pense, c'est que…
A : *Laissez-moi terminer.*
• *Entretien 6*
A : C'est une proposition un peu bizarre.
B : *Qu'est-ce que vous voulez dire ?*
A : Je veux dire qu'il faut être prudent.

42 Conclure une réunion
Activités page 89

1. 1. Il rappelle l'objectif de la réunion. – 2. Il résume ce qui a été dit pendant la réunion. – 3. Il demande si quelqu'un a quelque chose à ajouter. – 4. Il fixe la date de la prochaine réunion. – 5. Il précise la date à laquelle sera adressé le compte rendu. – 6. Il remercie les participants de leur présence à la réunion.

2. • *Extrait 1*
1. *Point traité* : Présentation des résultats des ventes du bidule Z.
2. *Problèmes* : Les ventes du bidule Z sont décevantes. Il est possible que les vendeurs ne soient pas assez dynamiques.
3. *Décision* : La personne A a demandé à monsieur Frison d'étudier la question et de lui remettre un rapport avant la fin du mois.
• *Extrait 2*
4. *Point traité* : Participation au salon du sport.
5. *Décision* : JCDUPONT participera au salon. Monsieur Frison se charge de la préparation.

3. *Proposition* :
Les objectifs de cette réunion étaient, d'une part, de présenter les résultats des ventes du bidule Z et, d'autre part, de décider de notre participation au salon du sport qui se tiendra cette année du 7 au 9 septembre. En ce qui concerne le premier point, nous avons constaté que les ventes étaient décevantes. Il est possible que les vendeurs manquent de dynamisme. J'ai demandé à monsieur Frison de faire une enquête là-dessus et de me remettre un rapport pour la fin du mois. En ce qui concerne le deuxième point, nous avons décidé de participer au salon. Monsieur Frison se chargera de la préparation. Est-ce qu'il y a des questions ? Madame Huc ? Non ? Pas de question ? Dans ce cas, il nous reste à fixer la date de notre prochaine réunion. Je propose le 5 novembre, à 9 heures. Quelqu'un a-t-il un empêchement à cette date ? Madame Huc ? Non ? Pas de problème. C'est parfait. Monsieur Frison nous adressera le compte rendu de cette réunion dès demain. Voilà tout, je crois. Il me reste à vous remercier de votre participation.

43 Compte rendu de réunion
Activités page 91

1. 1. Faux (« cette feuille de route sera affichée ») – 2. Faux (« Simon Lorentz fera établir un devis, qu'il soumettra à la prochaine réunion ». La décision de faire appel à un prestataire extérieur n'a donc pas encore été prise.) – 3. Vrai (« Daya Noyer est chargée de constituer cette cellule »).

2. • 1. Mise à disposition d'un véhicule de fonction
1 NJ rappelle que les vendeurs reçoivent une prime compensant les frais d'utilisation de leur propre voiture dans le cadre de leur travail.
2. Il explique que les vendeurs se déplacent de plus en plus et qu'ils préféreraient avoir une voiture de fonction.
3. Il propose donc de mettre une voiture à la disposition de chacun d'eux.
4. La proposition de NJ est acceptée à l'unanimité.
• 2. Financement
1. CT explique les différents moyens de financement possibles : achat au comptant, crédit classique, leasing, location de longue durée.
2. Il présente les avantages et les inconvénients de chacun d'eux.
3. Il conclut que la location longue durée est la formule la plus adaptée à la situation de trésorerie de l'entreprise.
4. Tout le monde est d'accord pour choisir la location de longue durée.
5. DD sera chargé de négocier avec une société de location.

3. *Proposition* :

> 3. Choix du véhicule
> NJ propose que la voiture soit légère et économique. Cette proposition est approuvée à l'unanimité.
> DD est chargé de choisir le modèle avec les commerciaux.
> La prochaine réunion est fixée au 25 février, à 10 heures.

44 Présenter un conférencier
Activités page 93

1. 1. Elle prévient le public que la conférence va commencer. – 2. Elle donne le nom du conférencier. – 3. Elle donne des informations biographiques sur le conférencier. – 4. Elle annonce le sujet de la conférence. – 5. Elle donne la parole au conférencier

2. *Proposition* :
Mesdames, Messieurs, nous allons commencer. Comme vous le savez, nous avons aujourd'hui l'honneur et le plaisir de recevoir monsieur Miguel Riba. Monsieur Riba est un ancien élève de l'École supérieure de commerce de Paris. Il a travaillé à la direction marketing d'une entreprise pharmaceutique, puis, très vite, a commencé une vie de comédien. En 2011, il a créé *Changement de décor*, une société de théâtre en entreprise, qu'il dirige encore aujourd'hui. *Changement de décor* monte près de 150 projets par an dans plusieurs pays européens. Monsieur Riba est donc particulièrement bien placé pour nous parler du théâtre en entreprise. C'est le sujet de sa conférence et sans plus attendre, je lui cède la parole. *(120 mots)*

45 Porter un toast
Activités page 95

1. *Réalisations passées* : Nous avons ouvert notre nouvelle usine à gaz en juin, avec un mois d'avance. – *Situation actuelle* : Notre travail a été couronné de succès. L'usine produit déjà 100 m³ de gaz par heure. – *Qualités des personnes* : Elle (cette réussite) est due à la créativité de chacun d'entre vous, à votre esprit d'équipe, à votre travail, à votre dynamisme. – *L'avenir* : Maintenant, regardons devant nous. De nouveaux défis nous attendent. Nous saurons les relever.

2. 1. Passé – 2. Présent – 3. Passé – 4. Passé – 5. Futur – 6. Présent – 7. Futur.

46 Ouvrir un séminaire
Activités page 97

1. *Préciser le sujet du séminaire* : consacré aux pratiques de la communication professionnelle. – *Remercier l'hôte du séminaire* : Je remercie monsieur Weber, directeur de cet institut, de nous accueillir. – *Attirer l'attention sur l'importance du séminaire* : Je veux dire l'importance de ce séminaire. – *Flatter les participants* : Mesdames, messieurs, vous faites partie des meilleurs experts de ce domaine. – *Préciser l'objectif du séminaire* : Il a pour objectif d'enrichir la réflexion de chacun. – *Exprimer un espoir* : j'espère que vos travaux seront fructueux. – *Donner la parole à l'intervenant suivant* : Sans plus tarder, je cède la parole à madame Lise Roy, du cabinet Bayard. – *Remercier les participants et leur souhaiter un bon séminaire* : Je vous remercie de votre attention et vous souhaite une excellente journée.

2. 1. La contrefaçon est devenue un fléau international. – 2. Ses dangers sont nombreux. Et ils sont connus. Alors, que faire ? – 3. Beaucoup pensent qu'il n'y a rien à faire, que le combat est perdu d'avance. – 4. Ce n'est pas vrai. Il existe toutes sortes de moyens qui permettent de lutter efficacement.

3. *Proposition* :
Mesdames, Messieurs, bienvenue à ce séminaire consacré à la lutte contre la contrefaçon. Nous sommes ici à l'Institut européen de la propriété industrielle et je remercie monsieur Lafarge, directeur de cet institut, de nous accueillir. Je veux vous dire l'importance de notre sujet. La contrefaçon est devenue un fléau international. Ses dangers sont nombreux. Et ils sont connus. Alors, que faire ? Beaucoup pensent qu'il n'y a rien

à faire, que le combat est perdu d'avance. Ce n'est pas vrai. Il existe toutes sortes de moyens qui permettent de lutter efficacement. Mesdames, Messieurs, vous faites partie des meilleurs experts de ce domaine. Ce séminaire vous permettra d'échanger vos points de vue. L'objectif est d'élaborer un programme d'action contre la contrefaçon et j'espère que vos travaux seront fructueux. Je vous remercie de votre attention et vous souhaite une excellente journée.

47 Exposer le pour et le contre
Activités page 99

1. 1. Je salue l'auditoire (le public) : *Mesdames, Messieurs, bonjour.* – 2. J'indique le thème général de mon exposé : *Je vais vous parler de...* – 3. Je situe le thème dans son contexte : *Il est de plus en plus fréquent de...* – 4. Je précise le sujet de mon exposé : *La question qui nous intéresse...* – 5. Je présente le plan de mon exposé : *Je vous présenterai dans une première partie...* – 6. J'entre dans la première partie de mon exposé : *Voyons donc d'abord...*

3. 1. Le premier avantage concerne l'entreprise : grâce au télétravail, on économise de l'espace de bureau. – 2. Le deuxième avantage concerne le salarié. – 3. J'ai terminé la première partie de mon exposé. – 4. Je passe maintenant à la deuxième partie : les inconvénients du télétravail. – 5. Le télétravail présente trois inconvénients majeurs. – 6. Premier inconvénient : le salarié est isolé socialement. – 7. Pour conclure, je dirai que le télétravail ne convient pas à tout le monde. – 8. Je répondrai maintenant volontiers aux questions que vous désirez me poser.

48 Proposer des solutions
Activités page 101

1. 2. Le chiffre d'affaires de la plupart **des entreprises a enregistré une baisse sensible/a sensiblement baissé.** – 3. Certaines entreprises ont même dû **fermer définitivement.** – 4. Les clients ont **réduit leurs investissements.** – 5. On peut envisager **trois solutions.** – 6. La première solution consiste **à être ultra-spécialisé.** – 7. Mais il y a un risque car le marché **peut changer.** – 8. La deuxième solution, c'est **de savoir tout faire.** – 9. Mais il n'est pas facile **d'être bon partout.** – 10. Troisième et dernière solution : **se regrouper.**

2. *Proposition :*
Le secteur de l'hôtellerie et de la restauration est confronté à une sérieuse pénurie de main-d'œuvre. Pendant la saison touristique, les restaurateurs recherchent désespérément des cuisiniers et des serveurs. Pour 100 postes à pourvoir, il n'y a que 40 candidats. Ces difficultés sont dues à la mauvaise image des métiers de l'hôtellerie et de la restauration, qui ont la réputation d'être durs et mal payés. Dans une telle situation, que faire ? Il faut prendre trois mesures. La première consiste à augmenter les salaires. Deuxième mesure : mener des campagnes de communication pour valoriser l'image de la profession. La troisième et dernière mesure consiste à ouvrir de nouvelles écoles formant aux métiers de l'hôtellerie et de la restauration. La situation est grave. Ces trois mesures doivent être prises rapidement.

49 Évolution des ventes
Activités page 103

1. Entreprise C.
2. 1. B – 2. B – 3. A, B, C – 4. A – 5. B – 6. A – 7. B.
3. 2. Les ventes ont **constamment augmenté.** – 3. On note une **diminution régulière des ventes.** – 4. Remarquez que **les ventes ont légèrement progressé.**
4. *Proposition :*
Comme vous pouvez le voir, les ventes ont fortement chuté pendant le premier trimestre. Ensuite, de début avril à la fin juin, elles ont continué à baisser, mais légèrement. Au cours du troisième trimestre, elles ont stagné. Finalement, pendant les trois derniers mois, elles ont fortement augmenté pour terminer l'année avec une hausse de 5 %.

50 Parts de marché
Activités page 105

1. 1. Vrai (« le B12 et le T29 représentent 80 % des ventes ») – 2. Vrai (« C'est le B12 qui rapporte le plus ») – 3. Faux (« ...avec ce petit point, nous avons perdu notre part de leader » ⇒ Il y a un an, Beck n'était donc pas leader) – 4. Vrai (Beck est devenu leader du marché) – 5. Vrai (Comme Beck est leader avec 30 % de part de marché, Rossi détient nécessairement moins de 30 %).

2. 2. 1. En termes de parts de marché, *A* arrive largement en tête, loin devant B. – 2. *A* détient plus de la moitié du marché alors que *B* n'en détient qu'un quart. – 3. Avec moins de 10 % du marché, c'est l'entreprise C qui arrive au dernier rang. – 4. En ce qui concerne les bénéfices, *B* arrive au quatrième et dernier rang, derrière *C*, *D* et *A*. – 5. *C* réalise les bénéfices les plus importants, suivi de *D*. – 6. Les bénéfices de *C* dépassent légèrement ceux de *D*. – 7. Quant aux bénéfices de *B*, ils représentent environ la moitié de ceux de A.

3. *Proposition* :
La situation est la suivante. En termes de parts de marché, nous arrivons au deuxième rang, loin derrière A. A détient plus de la moitié du marché alors que nous n'en détenons qu'un quart. En ce qui concerne les bénéfices, nous arrivons au quatrième et dernier rang, derrière C, D et A. C réalise les bénéfices les plus importants, suivi de D. Les bénéfices de C dépassent légèrement ceux de D. Quant à nos bénéfices, ils représentent environ la moitié de ceux de A.

51 Postuler un emploi
Activités page 107

1. 1. Faux (« J'effectue actuellement ma troisième et dernière année » ⇒ La troisième année d'étude est donc la dernière) – 2. Faux (Dany Cohen doit effectuer un stage entre le 1er mars et le 31 octobre. Ce stage ne doit pas nécessairement commencer le 1er mars.) – 3. NP (Dany Cohen doit téléphoner à Gilles Legal. Rien ne dit qu'il le rencontrera.) – 4. NP (Romain May a simplement informé Dany Cohen que madame Ardouin accueillait des stagiaires dans son service. Rien n'est dit sur la nature des relations entre Audrey Ardouin et Romain May). – 5. Vrai (La société Duquenoy est très présente sur le marché des produits biologiques).

2. 2. ...de la parfumerie ~~pour~~ depuis bientôt... 3. J'ai débuté ~~avec~~ comme assistante... – 4. ...je suis responsable des ~~les~~ achats... – 5. Je suis chargée ~~avec~~ des relations... – 6. Comme je ~~suis~~ maîtrise parfaitement l'anglais... – 7. ...les possibilités d'évolution de mon poste ~~est~~ semblent très limitées. – 8. Or je désire vivement ~~peu~~ assumer des responsabilités... 9. Je serais heureuse de vous ~~te~~ rencontrer... – 10. ...mes meilleures ~~distinguées~~ salutations.

52 Curriculum vitae
Activités page 109

1. Fabienne LI

> 28 ans, de *nationalité* française
>
> *FORMATION*
> *Diplôme* d'*ingénieur*
> de l'École des *Ponts*,
> *Baccalauréat*, *option* Mathématiques
>
> *EXPÉRIENCE PROFESSIONNELLE*
> *Stage* de 4 mois, Schindler France (Créteil)
>
> *DIVERS*
> Centre d'*intérêt* : danse moderne
>
> OBJECTIFS *PROFESSIONNELS*

53 Recommandation
Activités page 111

1. 1. Vrai (« C'est un consultant clé de notre bureau de Lyon ») – 2. Faux (Il travaille chez KPR depuis quatre ans : un an à Londres, trois ans à Lyon) – 3. Vrai (« il travaille directement sous ma direction) – 4. Vrai (« je serais désolé qu'il nous quitte », « je ne voudrais pas qu'il parte chez un concurrent ») – 5. NP – 6. Vrai – 7. NP – 8. NP.
2. 1.B – 2.E – 3.D – 4.A – 5.C.

54 Entretien d'embauche
Activités page 113

1. • *Entretien 1*
   1. Vous êtes belge, n'est-ce pas ?
   2. Oui, et j'ai vécu 20 ans à Bruxelles.
   3. Pouvez-vous me résumer votre parcours ?
   4. Oui, alors, j'ai étudié l'économie à Louvain, et ensuite…
   • *Entretien 2*
   1. Pourquoi avez-vous fait une école d'ingénieurs ?
   2. Parce que j'étais assez fort en maths.
   3. Vous auriez pu étudier les maths.
   4. C'est vrai, mais j'aime aussi tout ce qui est technique.
   • *Entretien 3*
   1. Combien voulez-vous être payé ?
   2. De 52 à 53 000 euros.
   3. C'est dans la moyenne. Avez-vous postulé ailleurs ?
   4. Oui, j'ai contacté d'autres entreprises.
   • *Entretien 4*
   1. Vous écrivez « cinéma », ça veut dire quoi ?
   2. Ça veut dire que j'aime bien le cinéma, j'y vais souvent.
   3. Vous aimez quel genre de film ?
   4. Les films d'action, les comédies.
   • *Entretien 5*
   1. D'après vous, quelle est votre principale qualité ?
   2. Je crois que j'ai une bonne capacité de travail.
   3. Et votre principal défaut ?
   4. J'ai tendance à être trop réservé.
   • *Entretien 6*
   1. Est-ce que j'ai été clair ?
   2. Tout à fait, mais est-ce que je peux vous poser une dernière question ?
   3. Bien sûr, allez-y.
   4. Quels sont vos principaux clients ?

55 Notes d'information
Activités page 115

1.

	Quoi ? Quand ?	Où ?	Pourquoi ?
1	*Le bureau sera fermé le vendredi 16 août.*	*À Paris.*	Le jeudi 15 août est un jour férié et Fixage fait le pont.
2	Il n'y aura pas de climatisation le mardi 9 août pendant toute la journée.	Dans les bureaux du 3ᵉ étage.	En raison des travaux d'électricité.
3	La crèche « Les petits loups » ouvrira ses portes à partir du 3 septembre prochain.	22 rue Henri Moissan	Pour permettre aux parents d'enfants en bas âge de mieux concilier vie professionnelle et vie familiale.

2. 2. Nous avons le plaisir de vous annoncer la nomination de monsieur Le Goff à la direction du service commercial. Monsieur Le Goff prendra ses fonctions *le 4 avril*.

3. Monsieur Girard ayant dû prolonger son voyage en Asie, la réunion du 3 mars est reportée au jeudi 8 mars *à 9 heures dans la salle 4*.

4. Le restaurant de l'entreprise est ouvert de 11 h 30 à 14 h 00, *du lundi au vendredi*. Les tickets du restaurant sont vendus *à la caisse pendant les heures d'ouverture*.

56 Bruits de couloir
Activités page 117

1. 2. Walter a vu *Fred et Coralie sortir ensemble*. – 3. Ce n'est pas la première fois que Walter *se fâche avec les clients*. – 4. S'il continue comme ça, Walter *va finir par se faire virer*. – 5. Walter et Oscar *ne peuvent pas se supporter*. – 6. D'après Jean-Paul, *Walter a déjà écrit sa lettre de démission*.

2. Oscar dit qu'ils vont licencier 20 % du *personnel*. – Pierre m'a dit que Coralie avait reçu une *prime* le mois dernier. – Il a été hospitalisé, il paraît que c'est un *cancer*. – Il paraît qu'on va déménager en *banlieue*. – Ils veulent délocaliser le *service* client au Maroc.

57 Règles internes
Activités page 119

1. 1. Faux (L'interdiction de fumer doit être respectée de toute personne se trouvant à l'intérieur de l'établissement, que cette personne fasse ou non partie du personnel). – 2. Une obligation (Respecter la procédure d'accueil des visiteurs).

2. 1. Un ouvrier de l'atelier 3 s'est récemment blessé à la main – 2. en utilisant une scie circulaire. – 3. Il est rappelé que pour l'utilisation de tout outil coupant, – 4. le port de gants de protection est obligatoire. – 5. Les chefs d'atelier doivent – 6. faire respecter cette règle.

3. *Proposition* :

à :	Ensemble du personnel	▲
objet :	Rappel : consommation d'alcool interdite	

La semaine dernière, des vendeurs de BKV ont organisé une fête au sous-sol magasin. Ils ont consommé de l'alcool et plusieurs personnes sont rentrées chez elles en état d'ivresse.
Nous vous rappelons qu'il est interdit de consommer de l'alcool sur les lieux de travail, y compris dans les sous-sols du magasin. C'est une interdiction formelle. Elle doit être respectée de tous.

58 Congé maladie
Activités page 121

1. 2. *tu vas te rétablir rapidement* : tu vas guérir bien vite. – 3. *je dois rester au lit* : me voilà clouée au lit. – 4. *si tu veux des informations* : si tu as besoin d'infos. – 5. *bien que je sois malade* : malgré mon état de santé. – 6. *j'ai un petit service à te demander* : peux-tu me rendre un petit service ?

2. 1. Faux (« Je viens de recevoir un appel de Catherine » => C'est Catherine qui a appelé Nicolas Berton) – 2. Vrai (M Berton est au plus haut de la hiérarchie : il est directeur général ; il donne des ordres à Luc : il lui demande de terminer le projet Ossito). – 3. Vrai (« Si tu as besoin d'infos concernant Ossito, n'hésite pas », écrit Catherine) – 4. Faux (Catherine sera de retour dans une semaine, elle est arrêtée jusqu'au 18 octobre. Les mails ont donc été écrits une semaine avant le 18, autour du 11 octobre).

3. 1. Bonjour, Hélène, – 2. Catherine a une bonne grippe. – 3. Elle est arrêtée – 4. jusqu'au 18 octobre. – 5. Pendant son absence, c'est moi – 6. qui m'occupe de ses dossiers. – 7. Je dois surtout – 8. terminer le projet Ossito. – 9. Si tu as des questions, – 10. n'hésite pas à t'adresser à moi. – 11. Amitié, – 12. Luc

4. *Proposition :*

objet :	Congé maladie	▲

Bonjour, Donia,

J'espère que tu vas bien. Moi qui ne suis jamais malade, me voilà clouée au lit avec 40 de fièvre.
Je tousse, je tremble, j'ai mal à la tête. Bref, je crois que j'ai attrapé une bonne grippe. Je suis arrêtée
jusqu'au 10 février. Pour le projet Ossito, ne t'en fais, je le terminerai à mon retour. Peux-tu me rendre
un petit service ? Pendant mon absence, peux-tu arroser les deux plantes vertes de mon bureau ?
Elles ont besoin d'eau une fois par jour. Merci. À bientôt, j'espère.
Rose

59 Formation professionnelle
Activités page 123

1. **1.** Faux (Frédéric Ardouin travaille pour l'Institut de la Sécurité) – **2.** Faux (Cedric Grimaldi
donne une information : la formation sera progressivement proposée à l'ensemble du
personnel) – **3.** Faux.

2. *Proposition :*

COMPTE RENDU DE FORMATION LINGUISTIQUE

J'ai suivi une formation en allemand du 3 septembre au 15 décembre. Cette formation était assu-
rée par monsieur Martin Einstein, formateur à Télélangue, organisme spécialisé en formation lin-
guistique. Tous les cours ont eu lieu par téléphone, à raison d'une demi-heure chaque jour.

OBJECTIF
L'objectif de la formation était de me permettre de mieux communiquer, surtout à l'oral, avec
nos clients allemands, et de mener ainsi des négociations plus efficaces.

CONTENU DE LA FORMATION
La formation portait sur la communication professionnelle. Nous avons travaillé sur des documents professionnels rédigés en allemand. Afin de pratiquer la langue, nous avons réalisé de
nombreux jeux de rôles.

SUIVI
Cette formation m'a beaucoup apporté. Elle a été extrêmement satisfaisante, mais trop courte.
Je souhaiterais la poursuivre pour une période d'au moins trois mois.

Tania MORO

---

60 Accident du travail
Activités page 125

1. *Proposition :*
   Mardi 6 février, en allant porter un colis à l'entrepôt, madame Laplanche, réceptionniste
   à l'accueil du bâtiment central, a glissé sur la pelouse et elle est tombée. Le médecin a
   diagnostiqué une entorse à la cheville droite et lui a prescrit un arrêt de travail de deux
   semaines. *(48 mots)*
2. **1.** Il pleuvait – **2.** Madame Laplanche tenait un parapluie dans une main et le colis dans
   l'autre main. – **3.** Elle portait des chaussures à talons hauts. – **4.** Elle a été amenée à l'hôpital parce qu'elle se plaignait d'une vive douleur au pied.
3. **1.** *On a* : nous avons – *y a* : il y a – *dans les* : environ – *Legros* : monsieur Legros – *bos-
   sant* : travaillant – *je sais pas* : je ne sais pas – *à gueuler comme un putois* : à crier très
   fort – *on s'est précipité* : nous nous sommes précipités – *il avait plus de main* : il n'avait
   plus de main – *l'hosto* : l'hôpital – *perso* : personnelle – *un toubib* : un médecin – *Legros* :
   monsieur Legros – *on a dû* : nous avons dû – *on a perdu* : nous avons perdu – *faut que* :
   il faut que – *Goubert* : monsieur Goubert – *Goubert, il est pas content* : monsieur
   Goubert n'est pas content.

4. *Proposition :*

COMPTE RENDU D'ACCIDENT DU TRAVAIL

Date : 8 mars 2018
Victime : Monsieur Legros, ouvrier de l'unité 3
Blessure : Fracture du poignet droit

Le 7 mars, vers 11 heures du matin, monsieur Legros, ouvrier de l'unité 3, s'est blessé en travaillant sur sa machine. Il a été conduit immédiatement à l'hôpital. Le médecin a diagnostiqué une fracture du poignet droit et lui a prescrit un arrêt de travail de deux mois.

À l'atelier, nous avons dû interrompre la chaîne de 11 heures à midi.

C'est le deuxième accident du travail dans l'atelier en un mois.

---

61 Horaires variables
Activités page 127

1. 1. Il lui demande de faire un rapport sur la faisabilité d'un système d'horaires variables pour tout le personnel de l'entreprise. 2. Oui, mais à condition que la mise en place des horaires variables soit compensée par des gains de productivité.
2. 1. Le système des horaires variables présente de nombreux *avantages*. – 2. Ce système *améliorerait* l'organisation du travail. – 3. Il conduirait à des *gains* de productivité. – 4. Je *recommande* la mise en place des horaires variables.
3. *Proposition :*

RAPPORT SUR LA MISE EN PLACE D'HORAIRES VARIABLES

Monsieur le Directeur,

À la suite de votre demande du 3 mars, je vous présente mes observations sur la mise en place d'horaires variables pour le personnel de l'entreprise. Selon ce système, chacun pourrait choisir ses horaires de travail entre 7 h 00 et 20 h 00.

1. Appréciation du personnel
J'ai réalisé une enquête auprès du personnel. D'après cette enquête, 78 % du personnel est favorable à la mise en place d'horaires variables.
Pour le personnel, les horaires variables présentent les avantages suivants :
1. Les salariés pourraient passer plus de temps avec leur famille.
2. Ils gagneraient du temps dans les transports, en évitant les heures de pointe.
3. Ils pourraient mieux s'organiser.
4. Ils pourraient plus facilement joindre les clients situés dans d'autres fuseaux horaires.
Seul inconvénient majeur : les salariés seraient obligés de pointer.

2. Coûts de l'opération
Je vous envoie ci-joint une estimation des coûts réalisée par le service comptable.
J'attire votre attention sur les deux dépenses suivantes :
1. Les frais généraux augmenteraient d'environ 5 %, notamment en raison d'une consommation accrue d'électricité (lumière, chauffage, climatisation, etc.).
2. L'installation de pointeuses électroniques coûterait environ 10 000 euros.

3. Recommandations
Le système des horaires variables présente de nombreux avantages. Il améliorerait l'organisation du travail et conduirait à des gains de productivité importants. Je recommande donc sa mise en place.

Barbara COLOMBANI

---

62 Entretien de vente
Activités page 129

1. 1. Le client recherche quelque chose de fiable. – 2. Il dit que ça n'a pas l'air très solide. Il ne veut pas d'un appareil qui le lâche au bout de trois jours – 3. D'abord il dit que l'article est à la fois léger et fiable. Il dit que l'article est garanti un an. Qu'il a le même depuis cinq ans et qu'il n'a jamais eu de problème. – 4. Il lui dit que la promotion se termine ce soir et qu'à 79 euros, c'est une affaire.

2. • *Entretien 1* : 1. Bonjour, madame, je peux vous aider ? – 2. Non, merci, c'est gentil, je regarde. – 3. Vous cherchez quelque chose de particulier ? – 4. Oui, une robe pour l'été. – 5. Celle-là vous plaît ? – 6. Assez, oui, vous avez toutes les tailles ?
• *Entretien 2* : 1. Pourquoi êtes-vous si long à livrer – 2. D'après vous ? – 3. Euh… Il doit y avoir beaucoup de demande. – 4. Exactement.
• *Entretien 3* : 1. Je n'aime pas beaucoup cette couleur. – 2. Nous avons la même en bleu ciel. – 3. Je peux la voir ? – 4. Oui, bien sûr, tenez, essayez-la. – 5. C'est large aux épaules, vous ne trouvez pas ? – 6. Non, c'est une coupe très à la mode.
• *Entretien 4* : 1. Alors, si je résume, l'hôtel vous convient, pour le prix nous sommes d'accord. On y va ? – 2. Oui. – 3. C'est par là.

63 Télémarketing
Activités page 131

1. 1. Monsieur Quoy, bonjour. Permettez-moi de me présenter. – 2. Martin Duplessis, du Centre de Recherche sur l'Habitat. – 3. Nous réalisons en ce moment une enquête – 4. sur les conditions de logements des Parisiens. 5. Êtes-vous propriétaire de votre logement, monsieur Quoy ?

2. *Proposition* :
A : Utilisez-vous un rasoir à main ou un rasoir électrique ?
B : Écoutez, je n'ai absolument pas le temps de répondre à vos questions.
A : *Ça ne prendra que quelques minutes.*
B : Je viens de vous dire que je n'avais pas le temps.
A : *Est-ce que je peux vous rappeler demain à la même heure ?*
B : Non, c'est inutile de me rappeler. Je vous souhaite une bonne journée. Au revoir.

64 Demander des informations
Activités page 133

1. 1. Client – 2. Client – 3. Client – 4. Fournisseur – 5. Fournisseur – 6. Client.

2. 1. Messieurs, – 2. Nous avons consulté votre catalogue – 3. et nous sommes particulièrement intéressés – 4. par votre nouvelle gamme de climatiseurs Mida 2015. – 5. Avant de passer commande, nous souhaiterions savoir – 6. si ce type de climatiseur est adapté à une surface de 250 m². – 7. Merci par avance de votre réponse.

3. *Proposition* :

à :	Société ABC	▲
objet :	Four Candy FST 32	

Messieurs,
J'ai consulté votre catalogue en ligne et je suis intéressée par votre nouveau four CANDY FST 32. Avant de passer commande, je souhaiterais savoir si ce four est encastrable.
En outre, pouvez-vous m'indiquer s'il est disponible en rouge ?
Merci par avance de votre réponse.
Cordialement,
Fred BERNADIN

65 Passer commande

Activités page 135

1. *Bon de commande :*

BON DE COMMANDE

Date : *03/04/2015*

Adresse de livraison	Adresse de facturation
44 rue Abondance *95000 CERGY*	*5 rue Gisors* *95300 PONTOISE*

Conditions de paiement	Délai de livraison	Port
À réception de la marchandise.	*Sous huitaine*	*Franco*

Réf.	Désignation	Quantité	Prix unitaire HT
2078	*Tabouret Promotal*	*5*	*265*
7305	*Lampes halogènes LID*	*4*	*320*

---

2. *Proposition :*

TÉLÉCOPIE

DE LA PART DE : Pierre Dupont   01 45 45 45 45
À L'ATTENTION DE : Futon Futé   01 12 12 12 12

NOMBRE DE PAGES (y compris celle-ci) : 1

Monsieur,
À la suite de notre entretien téléphonique
de ce jour, je vous confirme ma commande :
– d'un **futon *Tradition* (épaisseur 15 cm)**
  de 90 x 190 ;
– au prix de 136,80 € TTC.

Je souhaiterais enlever le matelas à votre magasin.
Merci de m'avertir (par téléphone) dès que vous
l'aurez reçu.

Comme convenu, je vous réglerai au moment
d'enlever le futon.

Cordialement,

Fred BERNADIN

---

66 Annuler une commande
Activités page 137

1. 1. Xavier Dumoulin demande l'annulation de la commande 97865 du 7 mars 2015. Le client à qui était destinée la marchandise est en cessation de paiement. – 2. Karina Massoui répond favorablement à la demande d'annulation parce que Cofirma, le fournisseur, n'a pas commencé la fabrication des coffrets.

2. 1. Il précise l'objet de son courrier : Annulation de commande. – 2. Il rappelle les références de la commande (Commande 97865). – 3. Il rappelle le contenu de la commande. – 4. Il explique pourquoi il souhaite annuler la commande. – 5. Il demande l'annulation de la commande. – 6. Il conclut en espérant obtenir satisfaction.

3. *Proposition* :

à :	Karina MASSAOUI	▲
Cc :	Xavier DUMOULIN	
objet :	RE : Annulation de commande/Commande 97865	

Monsieur,
Il ne nous est malheureusement pas possible de répondre favorablement à votre demande. En effet, la fabrication des coffrets est terminée. Ces coffrets ont été conçus uniquement pour vous, avec vos initiales incrustées sur le couvercle. Ils ne peuvent donc pas être vendus à un autre que vous.
Nous regrettons de ne pas pouvoir vous donner satisfaction.
Cordialement,
Karina MASSOUI

4. *Proposition* :

objet :	Annulation partielle de commande/Commande du 18 janvier	▲

Madame, Monsieur,
Le 18 janvier dernier, je vous ai commandé huit ordinateurs pour nos bureaux, avec paiement à réception de la marchandise. Or nous avons en ce moment des difficultés de trésorerie et il nous sera difficile de payer comme prévu. Nous souhaiterions donc annuler la moitié de la commande et ne recevoir que quatre ordinateurs sur les huit commandés.
J'espère qu'il vous sera possible de nous donner satisfaction.
Je vous remercie de votre prompte réponse.
Veuillez recevoir, Madame, Monsieur, mes meilleures salutations.
Fred Bernadin

67 Problèmes de livraison
Activités page 139

1. Vrai (Il s'agit de la commande 45787) – 2. Faux (Sur le bon de réception, Clara Rousseau signale que les produits livrés ne sont pas conformes à la commande) – 3. Faux (Clara Rousseau souhaite retourner la marchandise non conforme : « De notre côté, nous vous retournerons les pointeurs LP-100 ») – 4. Faux (Quand Clara Rousseau écrit son premier mail, le retard de livraison est déjà de plus de deux jours. Le fournisseur devait livrer avant le 10 septembre, et ce premier mail est écrit le 12 septembre).

2. 1. J'ai essayé de vous joindre au téléphone ce matin, – 2. mais votre ligne était constamment occupée. – 3. Hier soir, votre transporteur nous a livré 200 verres à Champagne. – 4. Toutefois, en ouvrant les boîtes, – 5. nous avons constaté que 52 verres, soit un bon quart, étaient cassés. – 6. Comme notre séminaire commence après-demain, – 7. je vous serais reconnaissante de nous faire parvenir des verres en remplacement – 8. demain au plus tard. – 9. Merci par avance.

3. Votre transporteur vient de nous *livrer* la marchandise *faisant* l'objet de notre commande B8639. Nous vous confirmons les *réserves* que nous avons formulées sur le bon de *réception* : il *manque* six casques AKG K321.

Nous vous serions *reconnaissants* de nous *livrer* les articles manquants dans les meilleurs *délais* et nous vous en *remercions* par *avance*.
Clara ROUSSEAU

68 Délais de paiement
Activités page 141

1. 1. Vrai (« Nous vous avons adressé le 5 mars la facture G997 *datée du même jour* ») – 2. Vrai (La facture était payable au comptant) – 3. Faux (Lara Martinez demande un délai de paiement dans son mail du 2 avril) – 4. Vrai (Lara Martinez demande un délai de paiement jusqu'à la fin du moins d'avril. Thomas Aubin répond favorablement à sa demande) – 5. Vrai (Lara Martinez précise que c'est en raison de la défaillance d'un client) – 6. Vrai (« Compte tenu de la régularité de vos paiements antérieurs... »)

2.

> Madame,
> Nous *faisons* suite à votre *demande* de reporter le *paiement* de la *facture* G997 à la *fin* du mois d'avril. Il ne nous est *malheureusement* pas *possible* de répondre *favorablement* à votre demande. En effet, nous *connaissons* nous-mêmes quelques problèmes de *trésorerie* et ce report nous mettrait dans une *situation* difficile.
> Nous comptons donc sur votre prompt *règlement*.
> Nous *espérons* que vous comprendrez nos raisons et vous prions de *recevoir*, Madame, nos *salutations* les *meilleures*.
> Thomas AUBIN

3. *Proposition* :

à :	Thomas Aubin
Cc :	Lara Martinez
date :	14 mai 2015

> Madame,
> Nous vous avons adressé le 5 mars la facture G997 datée du même jour, d'un montant de 368,50 euros. Cette facture était payable au comptant. À votre demande, le 2 avril, nous vous avons accordé un délai de paiement jusqu'à la fin avril. Or, à ce jour, nous n'avons toujours pas reçu votre règlement.
> Vous voudrez donc bien nous régler dans les meilleurs délais.
> Veuillez recevoir, Madame, nos salutations les meilleures.
> Thomas AUBIN

69 Contester une facture
Activités page 143

1. 1. Madame, Monsieur, – 2. Le 3 mars, je vous ai demandé un devis... – 3. J'ai bien reçu ce jour la facture... – 4. Or, elle présente une erreur. – 5. En effet, vous avez oublié de... – 6. Vous voudrez donc bien... – 7. Merci par avance. – 8. Je vous prie d'agréer...

2. *Proposition* :

à :	CAREL ▲
Cc :	NOXI
date :	14 avril 2015
objet :	Facture B526/Commande 34676

Madame,
Nous vous avons adressé le 5 mars la facture G997 datée du même jour, d'un montant de 368,50 euros. Cette facture était payable au comptant. À votre demande, le 2 avril, nous vous avons accordé un délai de paiement jusqu'à la fin avril. Or, à ce jour, nous n'avons toujours pas reçu votre règlement.
Vous voudrez donc bien nous régler dans les meilleurs délais.
Veuillez recevoir, Madame, nos salutations les meilleures.
Thomas AUBIN

70 Services bancaires
Activités page 145

1. 1. Oui (On peut retirer des espèces au distributeur automatique) – 2. Non (C'est son mari qui a la carte) – 3. Oui (L'employé lui propose de demander une deuxième carte bancaire, ce qu'il ne pourrait pas faire si la cliente n'avait pas de compte dans cette banque) – 4. Non précisé.

2. • *Entretien 1* : 1. Bonjour, madame. – 2. Bonjour, je voudrais ouvrir un compte. – 3. Bien sûr, madame, vous habitez ici ? – 4. Pardon ? – 5. Vous habitez ici ?
   • *Entretien 2* : 1. Bonjour, je voudrais changer des dollars. – 2. Nous ne faisons pas de change. – 3. Mais je suis client chez vous. – 4. Je regrette, monsieur, même pour nos clients.
   • *Entretien 3* : 1. Quel est le numéro de votre compte ? – 2. Ça commence par un 7 et ensuite… euh… – 3. Et ensuite ? – 4. Ensuite… euh… je ne sais plus.
   • *Entretien 4* : 1. Je voudrais faire un virement. – 2. Permanent ou unitaire ? – 3. Quelle est la différence ? – 4. Un virement unitaire, c'est pour une opération ponctuelle.
   • *Entretien 5* : 1. Je voudrais clôturer mon compte. – 2. Je peux vous demander pourquoi. – 3. Parce que je déménage, je vais vivre dans le sud, au soleil. – 4. Nous avons également de nombreuses agences dans le sud.

71 Réclamer à la banque
Activités page 147

1. Faux (Le nom et l'adresse du destinataire sont écrits en haut à droite) – 2. Vrai (COGNAC) – 3. Faux (« 31 janvier »).

2. Laura Marcelin écrit cette lettre pour :
   – informer la banque que *le chèque n° 649895 d'un montant de 78,20 € a été débité deux fois.*
   – lui demander de *rectifier cette erreur au plus vite.*
   – lui faire part de *son mécontentement.*

3. 1. En examinant mon dernier relevé de compte daté du 30 novembre, j'ai constaté avec surprise que vous aviez prélevé la somme de 14,50 € au titre de frais d'abonnement. – 2. Je vous ai téléphoné pour savoir à quoi correspondaient ces frais d'abonnement. – 3. Il m'a été répondu qu'il s'agissait d'un abonnement aux services « happy few » de la banque en ligne. – 4. Or, je n'ai jamais donné mon accord à un quelconque abonnement en ligne. – 5. Par conséquent, je vous prie de créditer au plus vite mon compte de cette somme. – 6. Je vous en remercie par avance. – 7. Veuillez recevoir, Madame, Monsieur, mes salutations distinguées.

4. *Proposition :*

Fred BERNADIN
34 rue de la Fidélité
75010 PARIS
01 47 70 99 10
fredbernadin@gmail.fr

BANQUE AGATE
12 place François 1er
16100 COGNAC

V/Réf. : Compte 393 258 66 015

Paris, le 22 juillet 2015

Objet : relevé de compte

Madame, Monsieur,

Sur mon relevé de compte daté du 31 janvier, je constate que
les frais de gestion de mon compte d'un montant de 5,50 € ont été
débités deux fois.

Je vous ai téléphoné. Il m'a été répondu qu'il s'agissait d'une erreur
et que mon compte serait crédité au plus vite de cette somme.

Cette erreur n'étant pas la première que je note sur mes relevés
de comptes, je tiens à vous faire part de mon mécontentement.

Si de telles erreurs se répétaient, je serais obligé de changer de banque.

Veuillez croire, Madame, Monsieur, à l'expression
de mes sentiments les meilleurs.

Fred Bernadin

Fred BERNADIN

---

72 Questions à l'assureur
Activités page 149

1. 1. Vrai (« Je suis un client de Balard ») – 2. Vrai (M. Bergeron a contracté une assurance
   multirisque) – 3. Faux (Il téléphone pour savoir s'il doit prendre une assurance professionnelle) – 4. Faux (Il cherche le numéro du contrat : « Oui, alors, attendez, j'avais la police
   sous les yeux… ») – 5. Vrai (« Cette entreprise est domiciliée dans mon appartement »).
2. 1. Voilà. 2. Mon père était propriétaire d'une bijouterie. – 3. Il vient de décéder. – 4. J'ai
   pris la succession à la tête du magasin. – 5. Je voudrais savoir si le contrat d'assurance
   peut se poursuivre à mon nom.
3. 2.C – 3.D – 4.E – 5.A.

73 Déclarer un sinistre
Activités page 151

1. 1. Il décrit les circonstances du sinistre. – 2. Il dit qu'il joint des documents à sa lettre. –
   3. Il précise la nature des dommages. – 4. Il fait une estimation des dommages.
2. 1. Vrai (M. Rosso a déclaré le sinistre une première fois par téléphone, le 25 juin) –
   2. Faux (M. Rosso dit ne pas connaître la cause du sinistre) – 3. Vrai (Le siège social se
   trouve 3 rue du Bois, l'entrepôt est au 24 sentier des Fiefs) – 4. Faux (L'incendie a détruit
   ou endommagé des marchandises).

3. 1. Monsieur Simon déclare le vol d'un **camion** de marque Renault, immatriculé **KAZ 812**. – 2. Le vol a eu lieu dans la **nuit** du *(date d'hier)* au *(date d'aujourd'hui)*. – 3. Le camion se trouvait dans un **garage** dont la porte a été **fracturée**. – 4. Monsieur Simon doit **confirmer** par écrit la **déclaration** de sinistre.

4. *Proposition :*

Pierre SIMON
Rue du Bois 3
BE – 1440 Braine-le-Château

Service *Gestion de sinistres*
Assurances Van Damme
Rue Coppens 54
1120 BRUXELLES

vos références	**nos références**	**date**
Police HT54309	psimon1	2015-06-26

Déclaration de sinistre

Madame, Monsieur,

À la suite de notre entretien téléphonique de ce jour, je vous confirme le vol dans la nuit du 3 au 4 mars de notre camion Renault immatriculé KAZ 812.

Le camion se trouvait dans un garage dont la porte a été fracturée.

Vous trouverez ci-joint :
- une copie du dépôt de plainte ;
- une copie de la facture d'achat du camion,
- une copie de la facture du serrurier.

Je vous serais reconnaissant de faire le nécessaire pour un règlement rapide de ce sinistre.

Je reste à votre disposition pour tout complément d'information.

Veuillez agréer, Madame, Monsieur, mes salutations les meilleures.

P Simon

Pierre SIMON   Annexes : – 1 dépôt de plainte (copie)
                                              – 2 factures (copies)

---

74 Contester une indemnisation
Activités page 153

1. 1. Elle rappelle la date du sinistre et l'offre d'indemnisation de l'assureur. – 2. Elle explique pourquoi l'offre ne lui convient pas. – 3. Elle dit clairement qu'elle ne peut pas accepter l'offre d'indemnisation de l'assureur. – 4. Elle demande à l'assureur de lui faire une autre proposition.

2. 1. Le sinistre n° 943296T dont a été victime Maud Lafarge a eu lieu le **16 juillet 2015**.
2. Maud Lafarge a reçu une offre d'indemnisation en date du **28 septembre**.
3. L'assureur lui propose une **indemnisation de 5 400 euros**.
4. Pour Maud, le montant de cette indemnisation est **tout à fait insuffisant**.
5. La voiture n'avait roulé que 35 000 kilomètres et elle **était en excellent état**.
6. Le prix de marché est **bien supérieur à l'indemnisation proposée**.
7. C'est pourquoi Maud ne peut pas **accepter la proposition de l'assureur**.
8. Elle veut donc que l'assureur **lui fasse une offre plus acceptable**.

3. 1. Si vous êtes victime d'un sinistre (vol, dégât des eaux, incendie, etc.), vous devez déclarer ce sinistre à votre assureur dans un délai très court. – 2. Pour connaître ce délai, consultez votre police d'assurance. – 3. Une fois qu'il a reçu votre déclaration de sinistre, l'assureur peut demander l'intervention d'un expert. – 4. Le rôle de cet expert est de donner un avis sur la cause du dommage, la nature des réparations nécessaires et leur coût. – 5. Quand l'expert a terminé son rapport, l'assureur vous fait une offre d'indemnisation. – 6. Si vous jugez cette offre insuffisante, vous pouvez la contester et demander une contre-expertise.

4. *Proposition* :

ÉTABLISSEMENTS BOBOIS
128 rue Beaudoin - Montréal, QC H4C 2Y5

Montréal, le 1ᵉʳ février 2015

RECOMMANDÉ

Assurances Félix
Service *Gestion de sinistres*
3421 avenue Patricia
Montréal, QC H4B 121

Référence : Sinistre n° ABCDEF / Police 123456

Objet : Contestation d'indemnisation

Madame, Monsieur,

À la suite de ma déclaration de sinistre concernant une inondation dans l'atelier de mon entreprise, vous me proposez dans votre courrier du 4 mars une indemnisation de 4 500 euros.

Compte tenu de l'ampleur des dégâts, cette offre me paraît tout à fait insuffisante. En effet, plusieurs de nos machines ont été sérieusement endommagées. La ponceuse et la presse à bois étaient irréparables et j'ai dû remplacer ces deux machines. De plus, il a fallu faire des travaux de peinture. Au total, le montant des factures et devis que nous nous avons envoyés s'élève à 12 430 euros.

En conséquence, je ne peux accepter votre proposition et vous demande une contre-expertise.

Dans l'attente de votre réponse, je vous prie de recevoir, Madame, Monsieur, mes salutations distinguées.

Fred Bobois

Fred Bobois
Gérant

Directrice éditoriale : Michèle Grandmangin-Vainseine
Édition : Christine Grall
Mise en pages : CGI
Couverture : Miz'enpage

© CLE International/SEJER, 2018
ISBN : 978-209-038206-8

N° de projet : 10234810 – Dépôt légal : janvier 2018 – N° d'imp. : A18/57429N
Imprimé en France en janvier 2018 par l'Imprimerie Maury S.A.S. à Millau (12)